Dieses Lesemaus-Buch gehört:

____

Christian Tielmann Niklas Böwer

Bagger, Laster und Traktoren

CARLSEN

INHALTSVERZEICHNIS

1

Die Autos

Henrik und Elena fahren mit ihrem Vater zu Papas Freund Arndt. Arndt ist ein Sammler. Aber er sammelt keine Fußballbildchen. Arndt sammelt Autos - echte Autos!

Zum Haus von Arndt fahren Henrik und Elena mit Papa in ihrem Auto. Das ist ein knallroter Kombi. In den großen Kofferraum passt alles rein, wenn die Familie in Urlaub fährt. Oder wenn Papa und Mama fürs Wochenende einkaufen. Nur zum Parken ist das Auto oft ein bisschen zu lang. „Deshalb fahren wir in der Stadt ja auch lieber mit dem Fahrrad!“, sagt Papa immer.

HU RZ 4347
LU FT 123

Arndt poliert gerade sein Cabriolet, als Papa, Henrik und Elena ankommen. Ein Cabriolet ist ein Auto, dessen Dach man einklappen kann. So hat Arndt auch beim Autofahren immer frische Luft um die Nase, wenn das Wetter schön ist.

„Warum hast du eigentlich so viele Autos?“, fragt Henrik.

„Die brauch ich!“, sagt Arndt und lacht. „Du hast doch auch nicht nur ein Paar Schuhe, oder? Im Winter ziehst du dicke Stiefel an, im Sommer Sandalen, zum Fußballspielen nimmst du deine Fußballschuhe und zu Hause trägst du Hausschuhe. So ist das auch mit meinen Autos!“

„Du hast ein Winterauto und ein Sandalenauto?“, fragt Henrik. Arndt lacht. „Na klar! Das Cabrio hier ist mein Sandalenauto. Mit dem fahre ich nur im Sommer bei schönem Wetter.“

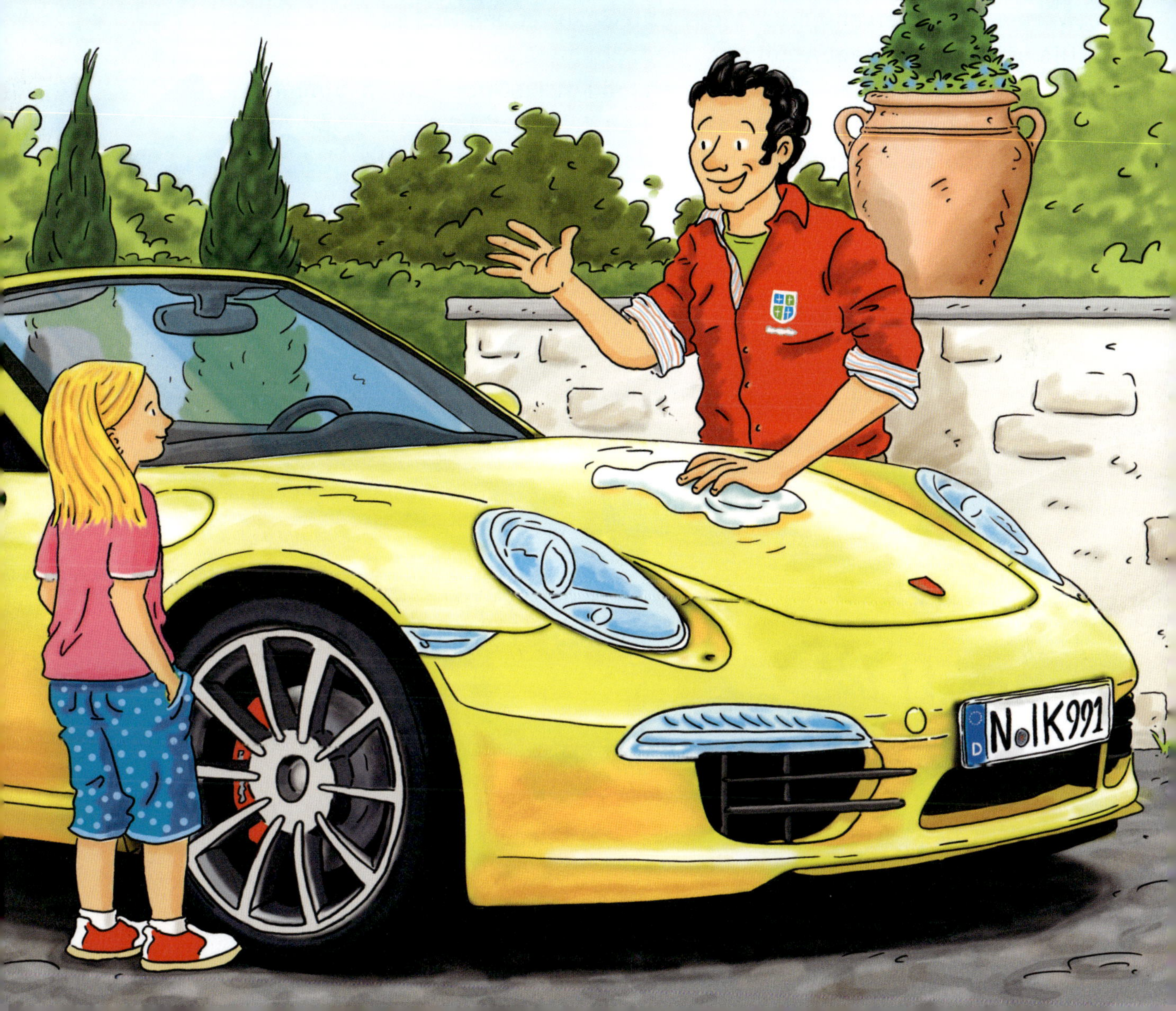

„Das hier ist mein Winterauto: Es ist ein SUV, ein Sport Utility Vehicle. Übersetzt heißt das ungefähr: sportliches Nutzfahrzeug.“ Arndt schließt die Tür auf und lässt Henrik und Elena reinklettern. „Bei diesem Auto werden alle vier Räder angetrieben. Das ist im Winter super. Wenn es schneit, komme ich so immer noch den Berg rauf“, erklärt Arndt. „Außerdem sitze ich hier etwas höher und habe einen guten Überblick über die Straße.“ „Also ist ein SUV ein Geländewagen?“, fragt Papa.

„Ein richtiger Geländewagen kann wildere Pisten fahren als ein SUV, ist aber nicht so bequem. Ich zeig’s euch!“
Arndt dreht mit seinen Gästen eine Runde im Geländewagen. Bei einem Geländewagen werden auch alle vier Räder angetrieben. Außerdem hat er mehr Bodenfreiheit, sodass das Auto nicht so leicht an einem Stein hängen bleibt. Mit seinem Geländewagen kann Arndt steile Schotterpisten rauffahren und braust sogar an einer flachen Stelle durch den Bach!

„Und was ist mit der Umwelt?“, fragt Elena, als sie wieder bei Arndt in der Garage stehen. „Wir nehmen möglichst oft öffentliche Verkehrsmittel.“ Arndt nickt. „Das stimmt. Aus dem Auspuff kommt umweltschädliches Abgas. Außer bei diesem Auto. Das hat nämlich gar keinen Auspuff.“

Das Elektroauto hat keinen Motor, der Benzin oder Diesel verbrennt, sondern einen Elektromotor, der seinen Strom aus einem Akku bekommt. Statt einer Tankstelle braucht dieses Auto eine Steckdose. Das Auto von Arndt hat aber einen Nachteil: Der Akku reicht nicht sehr weit und muss oft aufgeladen werden. Für eine weite Urlaubsreise eignet sich dieses Auto deshalb leider nicht.

BATTERIE
STROMWANDLER
ELEKTRO-
MOTOR
TREIBSTOFF-
TANK
VERBRENNUNGSMOTOR

Neben dem Elektroauto steht ein großes Auto mit einer richtigen Kofferklappe. Limousine nennen Fachleute Autos, die diese Form mit dem Kofferraumdeckel hinten haben.
Das Besondere an Arndts Limousine ist, dass sie sogar zwei Motoren hat. Einen Elektromotor und einen Benzinmotor. So ein kombinierter Antrieb heißt „Hybrid“.
„Der Elektromotor hilft beim Anfahren. Das spart eine Menge Sprit und so bläst das Auto hinten weniger Abgas raus“, erklärt Arndt. „Und wenn ich Vollgas gebe, arbeiten sogar beide Motoren zusammen. Echt pfiffig!“

„Was ist das denn für eine Hammerkarre?“, entfährt es Elena, als sie den Sportwagen von Arndt entdeckt.
Sportwagen haben starke Motoren. Die Stärke eines Motors wird meist in Pferdestärken (abgekürzt PS) angegeben. Der Sportwagen von Arndt hat 500 PS und ist aus dem Stand schon in 4 Sekunden bei Tempo 100. Fast 300 km/h schnell kann dieses Auto fahren.
„So schnell wie ein Hochgeschwindigkeitszug“, sagt Papa.
„Ja, aber Tempo 300 ist auf der Autobahn viel zu gefährlich“, erklärt Arndt. „Das geht nur auf einer Rennstrecke.“

MONACO
18 MAI 1958
GRAND PRIX
47
3

„Oh, wie süß!“ Henrik hat ein Microauto entdeckt. „Wozu hast du den denn?“, fragt Papa. „Deine anderen Autos sind doch viel größer und schneller.“
Arndt grinst. „Wenn ich mal zu euch in die Stadt fahre, hab ich keine Lust, stundenlang einen Parkplatz für mein SUV zu suchen.“
Mit einem Microauto findet man fast überall einen Parkplatz. Es bietet aber nur Platz für zwei Personen und in den Kofferraum passt gerade mal eine Kiste Mineralwasser.

LU.LU 5

Unter einem schützenden Tuch hat Arndt sein teuerstes Auto versteckt: einen Oldtimer. So werden Autos genannt, die älter als 30 Jahre sind. Arndts Oldtimer ist aber nicht nur alt. Er ist ein alter Luxuswagen.

„Bei diesem Auto ist alles edel: Das Lenkrad und der Schaltknauf sind aus Edelholz und ein kleiner Kühlschrank ist im Handschuhfach eingebaut“, sagt Arndt.

„Wer braucht denn so ein Auto?“, fragt Papa.

„Kein Mensch“, gibt Arndt grinsend zu.

„Ist aber trotzdem schön.“

Vor der Garage hupt es. Da kommt Frida, die Frau von Arndt, mit ihren beiden Kindern. Frida fährt am liebsten mit dem Familien-Van. Hier finden alle Platz. Genau wie in einem Kombi. In einem Van sitzt man aber etwas höher über der Straße. Das findet Frida sehr übersichtlich.

„Na, gibst du etwa wieder mit deinen Autos an, Papa?“, fragt Paulus, der Sohn von Arndt.
„Nein, nein, er hat uns nur erklärt, welches sein Winterschuhauto und welches das Wanderschuhauto ist“, sagt Elena.
„Aber was ist mit den Hausschuhen? Hast du auch ein Hausschuhauto?“, fragt Henrik.

„Ein Hausschuhauto habe ich auch. Das ist mein Wohnmobil. Das ist ein rollendes Ferienhaus“, sagt Arndt.
„Können wir damit zum See fahren und grillen? Bitte! Bitte! Bitte!“ Arndts Kinder müssen nicht lange betteln, denn ihr Vater sitzt schon hinter dem Steuer. Mit dem Wohnmobil am See ist es echt gemütlich, finden Henrik und Elena. Arndt hat jede Menge Apfelschorle im Kühlschrank. Das Auto hat sogar ein Bett über der Fahrerkabine. Aber während der Fahrt darf man da nicht drin schlafen. „Schade eigentlich“, sagt Elena und gähnt. „Sonst könnten wir uns das jetzt prima ausleihen für den Heimweg.“

F UN 3

Es ist spät geworden. Elena, Henrik und Papa müssen schleunigst nach Hause. Elena schläft im Auto sofort ein. Auch Henrik findet es nachts im Auto supergemütlich. Aber ein rollendes Bett wäre ihm noch lieber.

2

Die Baustellen-fahrzeuge

Elena und Henrik dürfen heute ihrer Tante bei der Arbeit zusehen. Claudia ist Bauingenieurin von Beruf. Sie baut aber keine Häuser, sondern Straßen und Brücken.

Henrik und Elena freuen sich riesig – vor allem auf die Bagger und Lastwagen. Denn große Baumaschinen wollen die beiden unbedingt mal aus der Nähe sehen.

„Für unsere Straße brauchen wir erst mal Platz“, erklärt Claudia.
„Und den schaffe ich!“, sagt Franz, der Baggerführer. Franz fährt einen großen Kettenbagger. Mit dem Kettenantrieb kommt der Bagger auch durch holperiges Gelände. Die große Baggerschaufel kann Erde und Geröll abgraben. Die Erde, die Franz für die Straße wegbaggert, schaufelt er mit dem Bagger direkt auf einen Lastwagen, den Muldenkipper.

Der Muldenkipper fährt die Erde zu einer Halde.
Hier kippt Ute, die Fahrerin, die Kippmulde einfach aus.

„Ein fester Untergrund ist beim Straßenbau extrem wichtig. Schließlich soll die Straße ja halten, wenn später tonnenschwere Autos und Laster darüberrollen“, erklärt Claudia.

„Der härteste Untergrund ist Felsen. Wenn wir aber keinen Felsen als Untergrund haben, verdichten wir den Boden, sodass er schön fest wird.“

Zum Verdichten benutzen die Bauarbeiter die Straßenwalze. Die hat vorne eine schwere Walze aus Metall. Mit ihr wird der Boden plattgedrückt.

„Cool! So eine Maschine bräuchten wir in der Küche, wenn wir Pizzateig ausrollen!“, sagt Henrik.

ST NB 90

Auf den verdichteten Boden kippt ein Muldenkipper eine volle Ladung Schotter. „Der Schotter dient als Schutz vor Wasser und Frost“, erklärt Claudia. „Damit unser schöner Straßenbelag nicht von unten nass wird. Sonst würde er im Winter, wenn das Wasser gefriert, aufplatzen.“
Den Schotter verteilt eine Planierraupe mit ihrem Schild gleichmäßig.

„Was ist das denn für ein verrücktes Auto?“, fragt Elena.
„Das ist ein Grader“, erklärt Claudia. „Mit der Schar, so heißt der Schild in der Mitte, kann er den feinen Schotter, den wir auf den groben Schotter einbringen, in der richtigen Höhe verteilen.“
Der Grader schiebt eine Schicht Schotter vor sich her.
Der überschüssige Schotter wird nicht abgefahren, sondern ein paar Meter weiter auf den Untergrund gekippt.
Dann kommt wieder der Grader und ebnet alles ein.

„Guck mal, die Maschine und der Laster küssen sich!“, ruft Elena. Claudia lacht. „Sieht echt so aus, oder? Das ist ein Asphaltfertiger.“ Ein Asphaltfertiger ist eine große Maschine, die den heißen Asphalt, den Straßenbelag, verteilt. Der heiße Asphalt wird von einem Muldenkipper vorne in den Asphaltfertiger eingebracht.

Der Asphaltfertiger legt diesen heißen Belag auf die Straße. Hinter dem Asphaltfertiger fährt eine Walze alles platt. „Das muss schnell gehen und es darf keine langen Pausen geben. Sonst wird der Asphalt zu kalt und wir haben nachher holprige Stöße in der Straße“, sagt Claudia.

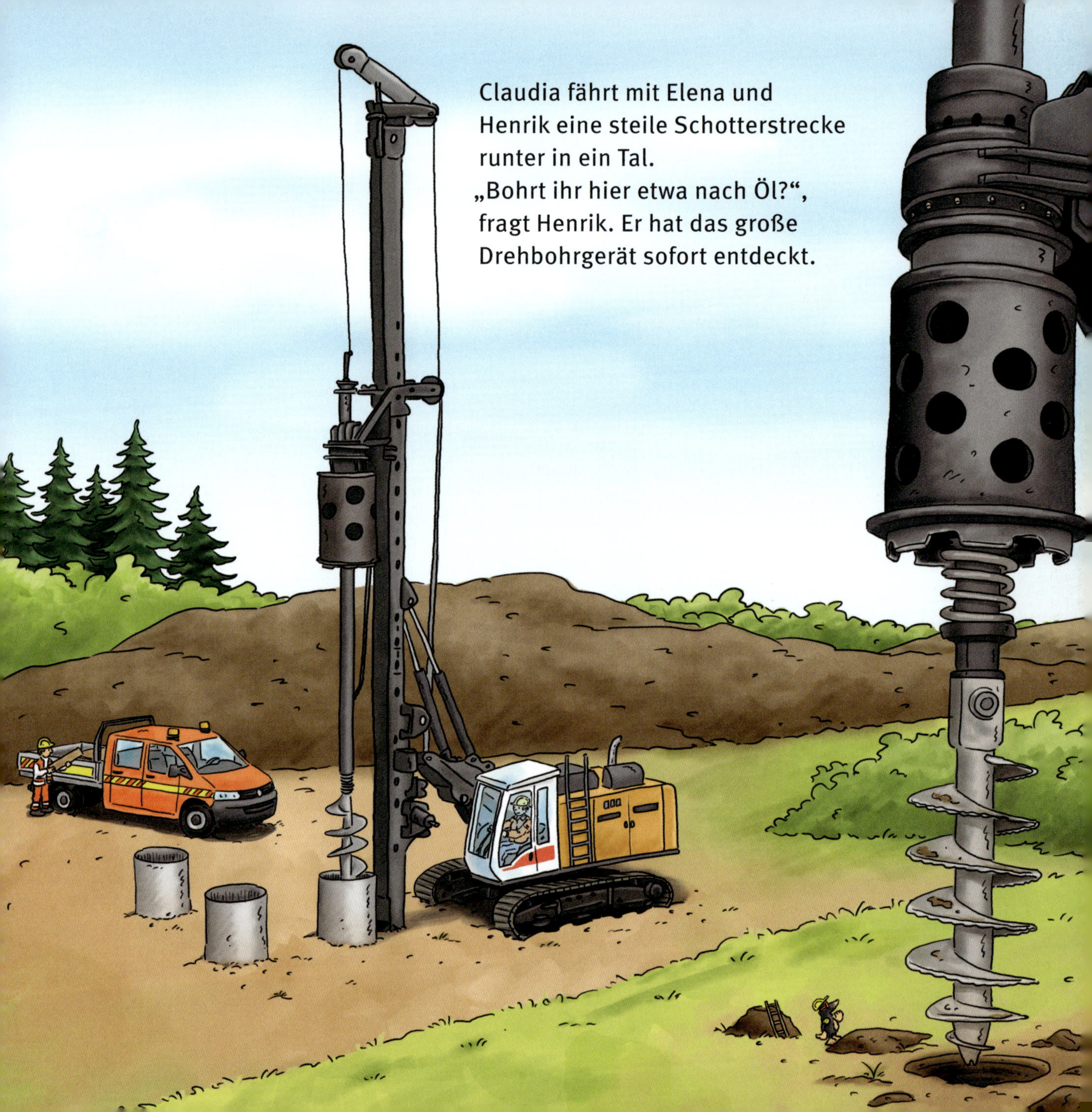

Claudia fährt mit Elena und Henrik eine steile Schotterstrecke runter in ein Tal.
„Bohrt ihr hier etwa nach Öl?“, fragt Henrik. Er hat das große Drehbohrgerät sofort entdeckt.

„Wir bohren. Aber nicht nach Öl. Mit dem Drehbohrgerät bohren wir Löcher in die Erde“, erklärt Claudia.

Das Drehbohrgerät hat einen Bohrkopf, der sich in die Erde schraubt. Immer wieder muss Boris, der das Gerät bedient, den Bohrer herausziehen, zur Seite schwenken und die herausgebohrte Erde abschlagen.

„Wieso bohrt ihr Löcher in die Erde? Ich dachte, du wolltest eine Brücke bauen!“, sagt Elena.

„Ich zeig's euch", sagt Claudia. „Da drüben kommt schon der Betonmischer."

Der Betonmischer hat eine große Trommel, die sich auch während der Fahrt dreht. So kommt der Beton schön gemischt und nicht zu trocken an der Baustelle an. Beton ist ein künstliches Gestein, das aus Zement, Sand und Wasser gemischt wird. Wenn der flüssige Beton trocknet, wird er steinhart.

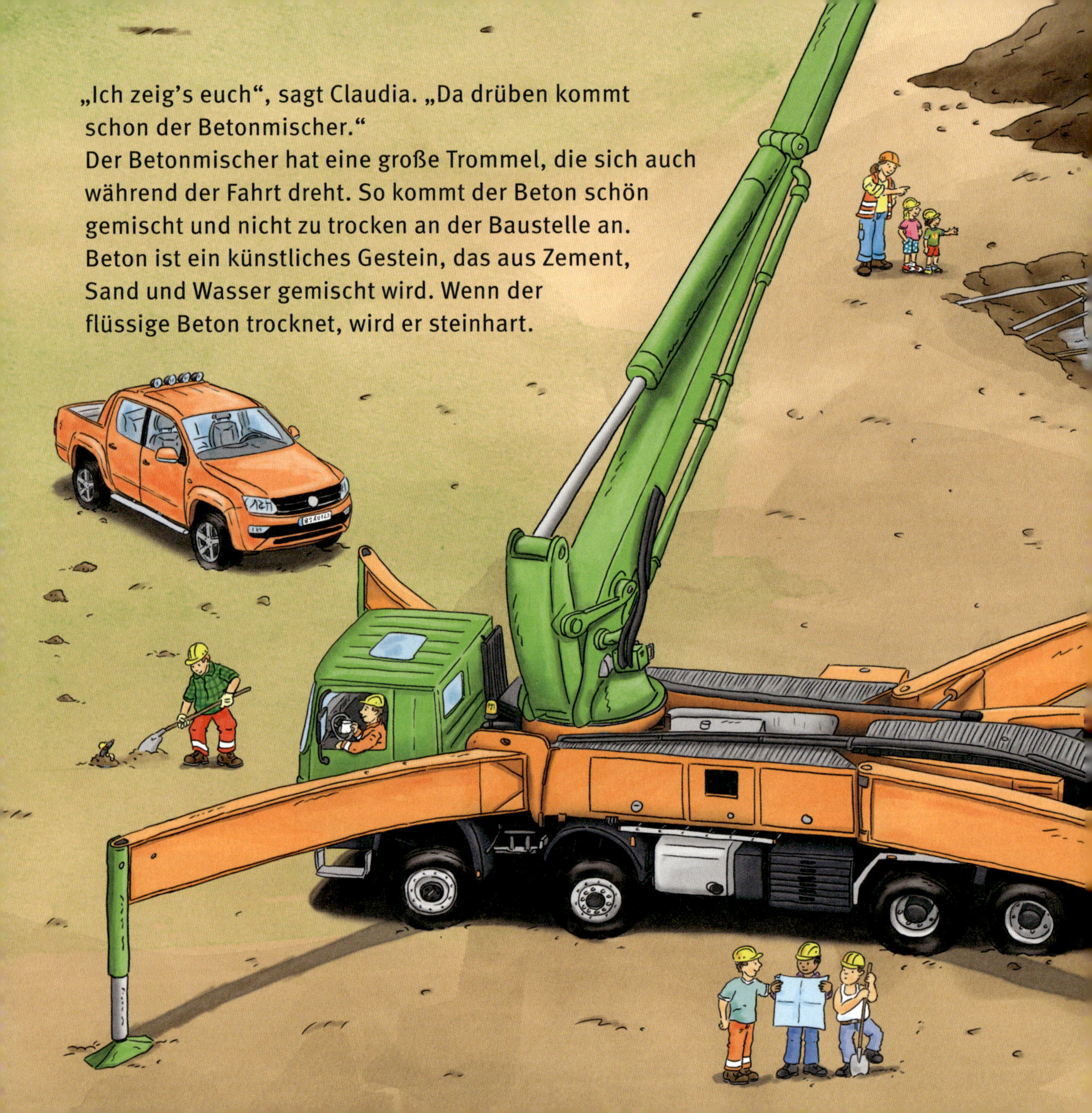

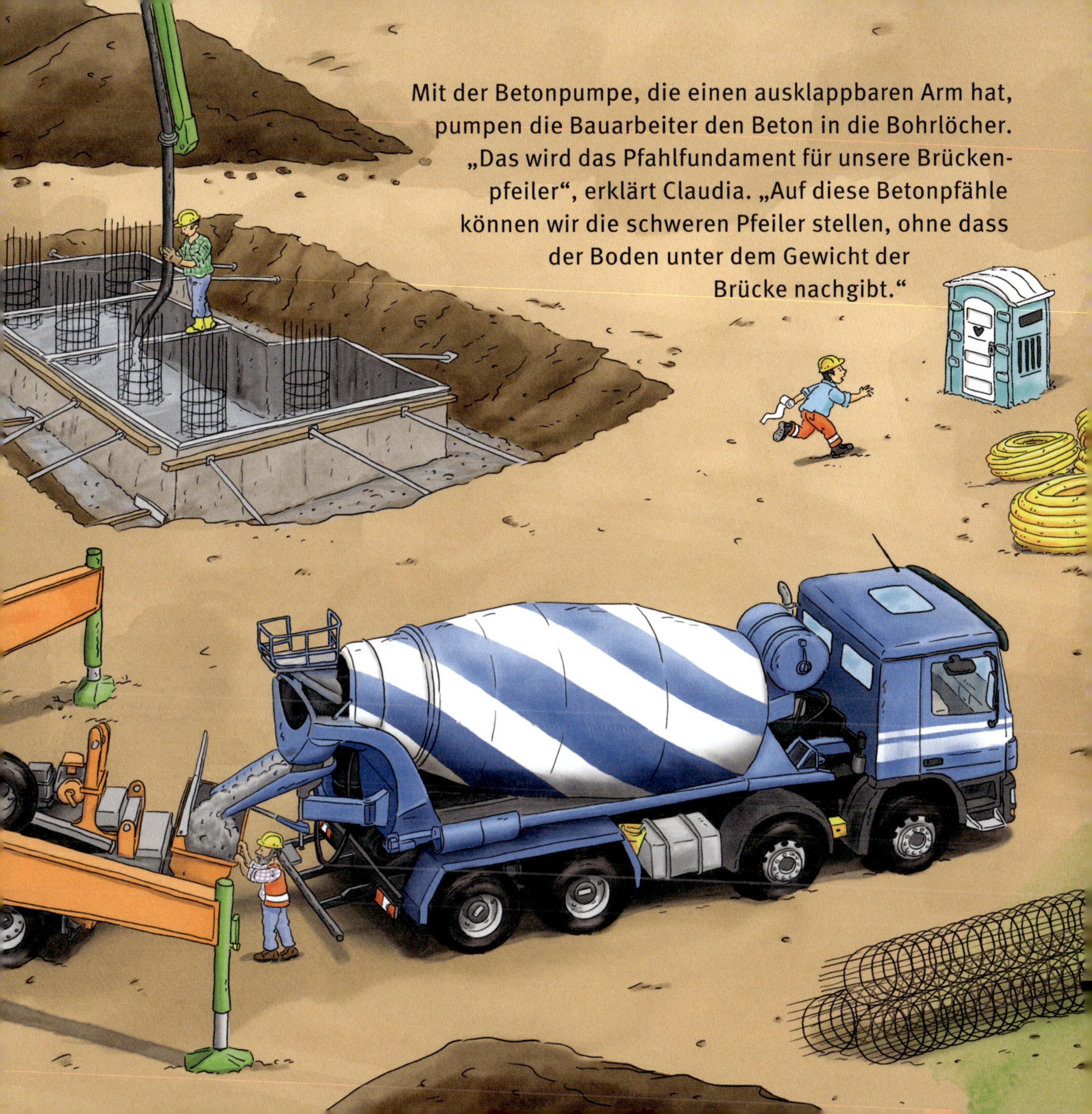

Mit der Betonpumpe, die einen ausklappbaren Arm hat, pumpen die Bauarbeiter den Beton in die Bohrlöcher. „Das wird das Pfahlfundament für unsere Brückenpfeiler“, erklärt Claudia. „Auf diese Betonpfähle können wir die schweren Pfeiler stellen, ohne dass der Boden unter dem Gewicht der Brücke nachgibt.“

Beton wird zwar schön hart, aber er bricht leicht. Damit die Brücke nicht durchbricht, verbaut Claudia auch noch Stahlträger. Diese Brückenteile sind so groß und schwer, dass sie nicht auf einen normalen Lkw passen. Die bringt ein Schwertransporter. Der Schwertransporter ist länger und breiter als ein normaler Lkw. Damit die anderen Autofahrer nicht mit diesem großen Lastwagen zusammenstoßen, hat der Tieflader extra noch ein Begleitfahrzeug, das mit einem gelben Warnlicht auf dem Dach auf den Spezialtransporter aufmerksam macht. Solche Spezialtransporter dürfen nur zu bestimmten Zeiten und auf vorher festgelegten Strecken fahren.

KLAUS
W OW1

W OW1

Um die großen Stahlträger vom Tieflader abzuladen, brauchen die Bauarbeiter einen Kran. Der Kranwagen, den Claudia bestellt hat, hat große Räder, mit denen er auch über unebenes Gelände fahren kann. Damit der Kran vom Gewicht der Stahlträger nicht umkippt, fährt Nele, die Kranführerin, extra Stützbeine an der Seite des Krans aus. Diese Abstützungen müssen sicher auf dem Boden stehen, bevor Nele mit dem Abladen der Stahlträger beginnen kann. Dann erst fährt sie den langen Arm des Krans aus.

Claudia hat noch eine Überraschung für Henrik und Elena. „He, die machen ja die Straße kaputt!“, sagt Henrik unterwegs. „Die machen nur kaputt, was eh nicht mehr zu retten war“, beruhigt Claudia. Die alte Straße wird die Anschlussstelle für die neu gebaute Strecke. Hier war nur die oberste Schicht der Straße kaputt.

Mit der Asphaltfräse wird diese Schicht abgetragen. Später kommt dann der Asphaltleger, um eine neue Asphaltdecke einzubauen. „Und das soll eine Überraschung sein?", fragt Elena. Sie ist ein bisschen enttäuscht. Aber Claudia lächelt verschmitzt und fährt noch ein Stückchen weiter bis zum ...

… Bauwagen. Da sitzt Franz. Er hat ein kleines Picknick mit Kakao und Kuchen für Elena und Henrik vorbereitet.
„Diese Baumaschinen sind klasse“, findet Henrik.
„Und im Bauwagen ist es richtig gemütlich!“, sagt Elena.

3

Die Rettungs-fahrzeuge

„Ich kann nicht mehr!“, stöhnt Elena. Sie radelt schon seit einer halben Stunde mit ihrem Bruder Henrik und Mama durch die Stadt.
„Das trifft sich gut“, sagt Mama. „Wir sind nämlich da.“ Sie fahren auf den Hof einer Autowerkstatt. **MARTIN HORN – KFZ-MEISTER** steht auf dem Schild.
„Da seid ihr ja endlich!“, begrüßt sie der Kfz-Meister freundlich.
„Das ist Martin!“, sagt Mama. „Er hat uns eingeladen. Bei ihm stehen nämlich zurzeit ein paar ziemlich coole Autos auf dem Hof!“
Henrik und Elena staunen. Hier wimmelt es nur so von Autos mit Blaulichtern auf dem Dach.
„Bist du ein Blaulichtspezialist?“, fragt Henrik.
Martin lacht. „Sozusagen.“

RTIN HORN KFZ-MEISTER
FEUERWEHR
L GF 112
HORN
POLIZEI
POLIZEI
PO LI 231

HORN!

„Ich repariere oft Autos für Polizei und Feuerwehr“, erklärt Martin.
Henrik und Elena dürfen sich einen Streifenwagen anschauen. Der Kofferraum ist vollgepackt mit der Ausrüstung der Polizei. Ein Feuerlöscher hat hier seinen Platz und auch die rot-weißen Kegel, mit denen die Polizisten bei einem Unfall den Verkehr umleiten können. Zollstock, Sprühfarbe, Absperrband und weiteres Material haben die Polizisten in einem Schubladenelement im Kofferraum untergebracht.

Von innen sieht der Streifenwagen etwas anders aus als ein normales Auto. Vorn ist ein Funkgerät eingebaut und sogar eine Videokamera. Außerdem gibt es Schalter für das Blaulicht und das Martinshorn.

Den Schalter für das Martinshorn hat Martin gerade repariert. Elena darf ihn testen. Als sie draufdrückt, jault das Tatütata los.
„Muss das so laut sein?“ Henrik hält sich die Ohren zu.
„Ja“, sagt Martin. „Das Martinshorn heißt: Achtung, macht die Straße frei! Und das müssen alle Verkehrsteilnehmer hören.“

„Und was war bei dem Krankenwagen da kaputt?“, fragt Henrik.
„Eigentlich ist das ein Rettungswagen. Bei dem mussten wir die Frontscheibe austauschen“, erklärt Martin. „Solche Kleintransporter sind extra dafür ausgebaut, Menschen zu retten und schnell in ein Krankenhaus zu bringen.“

Henrik und Elena dürfen einmal in den Rettungswagen schauen. Darin ist eine Liege, die man herausnehmen kann. Auf der kann ein Patient angeschnallt im Liegen transportiert werden. Außerdem gibt es Schränke mit Verbandszeug, Rettungsdecken und anderen Geräten, die die Sanitäter im Notfall sofort brauchen.

Weil Martin so viele Ersatzteile für Blaulichtanlagen und Martinshörner auf Lager hat, gehört auch die Feuerwehr zu seinen Kunden.
„Die Feuerwehrautos habt ihr bestimmt auch schon mal im Einsatz gesehen, oder?“, fragt Martin und öffnet den roten Kleintransporter. „Das hier ist ein Einsatzleitwagen. Darin sitzen die Feuerwehrleute, die bestimmen, wer wann was macht.“
„Sieht aus wie bei Mama im Büro“, sagt Henrik.
Mama lacht. „Aber wir haben keine Funkgeräte.“
„Die brauchen die Feuerwehrleute, um mit ihrer Zentrale zu sprechen“, erklärt Martin.

„Das ist das größte Auto, das ich im Augenblick in der Werkstatt habe.“ Martin zeigt Henrik und Elena ein Löschgruppenfahrzeug der Feuerwehr. „So ein Fahrzeug hat immer Löschwasser geladen. Außerdem haben die Feuerwehrleute hinter den Rolltüren alles, was sie zum Löschen des Feuers und zum Retten von Menschen brauchen. Ihren eigenen Atemschutz können die Feuerwehrleute schon im Auto anziehen.“

FEUERWEHR
L GF 112

Mama will wieder nach Hause fahren. Aber Elena kann nicht.
Ihr Fahrrad hat einen platten Reifen.
„Kannst du auch Fahrzeuge ohne Blaulicht reparieren?“, fragt Elena.
Martin schüttelt den Kopf. „Tut mir echt leid. Flickzeug fürs Fahrrad habe ich nicht hier. Aber ich könnte dein Fahrrad mit meinem Abschleppwagen zu euch nach Hause bringen. Und du darfst auch mitfahren.“

„Juhu!“ Elena freut sich. In einem echten Abschleppwagen ist sie noch nie mitgefahren. „Darf ich auch mit?“, fragt Henrik. „Oder muss ich erst noch bei meinem Rad die Luft rauslassen?“ Martin lacht. „Zwei Leute kann ich mitnehmen. Und dein Fahrrad kriegen wir auch noch drauf.“ Mama ist einverstanden. „Wir treffen uns zu Hause!“

Auf dem Rückweg muss Martin plötzlich bremsen. Ein Streifenwagen der Polizei hat die Straße gesperrt. Denn dahinter ist die Feuerwehr im Einsatz.
„Wo brennt's denn?“, fragt Henrik.
„Nirgends“, sagt Elena. „Die retten mit dem Drehleiterfahrzeug eine Katze.“
Tatsächlich hat sich ein kleines Kätzchen verklettert. Die Feuerwehrfrau fährt im Korb bis zur Katze heran und kann sie auf den Arm nehmen.
Zum Glück ist dem Kätzchen nichts passiert.

FEUERWEHR
FEUERWEHR
F FW 82

„Mensch, heute ist aber echt was los“, staunt Martin, als sie weiterfahren. Ein Auto ist rückwärts gegen einen Laternenpfahl gefahren. Es ist niemand verletzt, aber das Auto ist verbeult und die Laterne ganz schief. Ein Polizist mit einem Motorrad ist schon da.

„Diese Polizeimotorräder haben nicht nur Blaulicht und Martinshorn, sondern sogar Computer, Winkerkelle und Kameras in den großen Koffern am Heck “, erklärt Martin.

HORN
HI LF 123

An der nächsten Ampel hören sie schon von Weitem das Martinshorn. Martin fährt seinen Abschleppwagen zur Seite, um dem Rettungswagen Platz zu machen.
„Hattest du so einen nicht in der Werkstatt?“, fragt Elena.
„Ja, den habt ihr gerade noch gesehen“, sagt Martin.

Die Sanitäter im Rettungswagen haben von ihrer Leitstelle einen genauen Einsatzplan bekommen, in dem steht, wo sie jemandem helfen müssen. Damit sie schnell durch den Verkehr kommen und alle für sie Platz machen, haben sie das Martinshorn und natürlich das Blaulicht eingeschaltet.

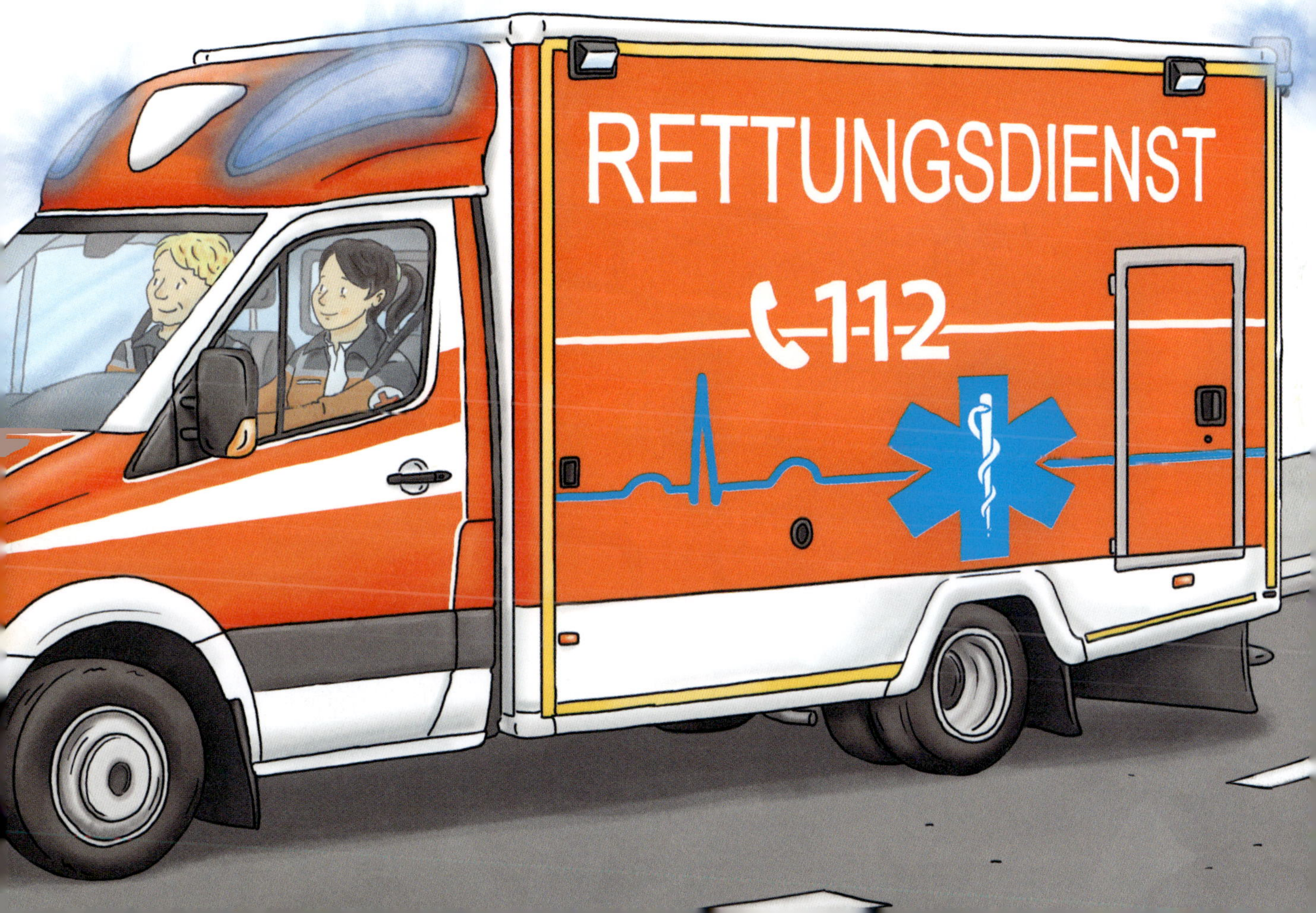

Nur wenige Sekunden später kommt auch noch ein Notarztwagen angebraust. „Was ist eigentlich der Unterschied zwischen einem Rettungswagen und einem Notarztwagen?“, fragt Elena.
„In einem Notarzteinsatzfahrzeug wird ein Arzt zum verletzten Menschen gebracht“, erklärt Martin. „Diese Autos müssen sehr schnell und wendig sein. Sie müssen aber nicht unbedingt Platz für den Patienten haben. Der wird im Rettungswagen transportiert. Im Rettungswagen sitzen normalerweise keine Ärzte, sondern Sanitäter.“

NOTARZT
NOTARZT
N:EF 112

Vor dem Haus von Henrik und Elena schaltet Martin Horn das Gelblicht ein. Jetzt sehen alle Verkehrsteilnehmer, dass der Abschleppwagen gerade eine wichtige Arbeit erledigen muss. Und diese wichtige Arbeit ist: Fahrräder abladen und Henrik und Elena Auf Wiedersehen sagen.

POLIZEI

4

Die Fahrzeuge auf dem Bauernhof

Henrik und Elena machen mit ihren Eltern einen Ausflug.
Aber sehr weit kommt die Familie nicht. Denn schon vor
den Toren der Stadt bleiben Elena und Henrik stehen.
Da pflügt Herr Bolten mit seinem großen Traktor das Feld.
Die Geschwister radeln keinen Meter weiter.

„Wir müssen zugucken!“, sagt Henrik.
„Unbedingt“, sagt Elena.
Ihre Eltern lachen.
Und Herr Bolten, der Landwirt, der die Geschwister schon kennt, winkt ihnen vom neuen Traktor aus zu.

„Möchtet ihr eine Runde mitfahren?“, fragt der freundliche Herr Bolten.
„Dürfen wir?“, fragen Henrik und Elena ihre Eltern wie aus einem Mund.
Papa und Mama nicken.
Herr Bolten zeigt Henrik und Elena den Führerstand, die Kabine seines Traktors.
„An den Traktor kann ich verschiedene Anbaugeräte zur Bodenbearbeitung hängen: einen Pflug oder Grubber, um den Boden umzudrehen. Oder eine Egge zum Lockern und Zerkleinern des Bodens, damit die Pflanzen gut wachsen. Und das Tollste ...“
Herr Bolten lässt das Lenkrad los. Der Traktor fährt weiter schnurgeradeaus. „Der fährt sogar alleine!“

13.0

Ein paar Tage später fahren Elena und Henrik mit Ina, der erwachsenen Tochter von Herrn Bolten, wieder aufs Feld. Ina will Weizen säen.
Die Drillmaschine, die Ina an den Traktor gehängt hat, zieht viele kleine Furchen in den Boden.
„In diese Furchen legt die Maschine vollautomatisch die Samenkörner aus dem großen Tank ab“, erklärt Ina. „Dann rüttelt die Egge noch etwas Erde auf die Furche. So kann unser Getreide schön wachsen.“
Alle Arbeitsschritte kann Ina vorn auf dem kleinen Bildschirm genau kontrollieren.

NI·KE 44

An einem Freitag Anfang Mai fährt Ina mit Elena und Henrik raus, um Futter für die Rinder zu mähen.
„Das Mähwerk funktioniert genau wie euer Rasenmäher, nur in etwas größer.“ Ina grinst.
„Etwas viel größer!“, sagt Elena.
Ina hat ein Frontmähwerk vorne an den Traktor gehängt. Und hinten arbeitet gleichzeitig ein Heckmähwerk.
„So können wir mehr Gras pro Runde schneiden“, erklärt Ina.

Damit das Gras, das ja Futter für die Kühe sein soll, nicht vergammelt, darf es nicht zu feucht und nicht zu trocken sein. Inas Gras ist etwas zu feucht. Darum breitet sie es mit dem Wender auf dem Feld aus.
„Sieht aus wie ein riesengroßer Mixer", sagt Henrik.
„Oder ein Karussell für Gräser", meint Elena.

Schon nach wenigen Stunden fasst Ina das geschnittene Gras mit einem Schwader zu einer Linie zusammen.

Direkt hinter ihr nimmt ihr Vater, Herr Bolten, das Gras mit dem Ladewagen auf.

Er bringt das Futter ins Hochsilo, einen großen Speicher. „Meistens werden jedoch Fahrsilos verwendet. Das Schnittgut wird dann auf eine große Betonfläche gelegt und ein Traktor fährt immer wieder darüber, um es zu pressen.

Am Ende wird eine Folie daraufgelegt und ein Netz zum Schutz, damit die Vögel die Folie nicht anpicken können. Darauf werden dann viele alte Reifen und Sandsäcke zum Beschweren gelegt, damit die Folie nicht wegwehen kann. Vielleicht habt ihr das schon mal gesehen."
Elena und Henrik nicken.
Die Silage kann den Tieren auch im Winter, wenn nichts auf dem Feld wächst, als Futter gegeben werden.

Im Schuppen entdecken Henrik und Elena einen alten Traktor.
„Wozu ist der denn noch gut?“, fragt Elena.
Herr Bolten lächelt. „Der funktioniert noch ganz gut als Ersatz, wenn mal eine Maschine ausfällt oder fehlt.“
Auch eine Sense zum Schneiden des Grases und sogar einen alten Pflug mit einem Pferdegeschirr hat Herr Bolten noch im Schuppen.
„Meine Großeltern haben noch mit der Hand und dem Pferd gearbeitet“, erzählt Herr Bolten. „Mit den modernen Maschinen geht die Arbeit leichter und viel schneller.“

Landwirtschaft Voll gut!

Im Sommer ist richtig viel los auf dem Boltenhof. Der Weizen ist reif und muss geerntet werden. Dazu fährt die Familie mit mehreren Maschinen aufs Feld. Ina steuert den großen Mähdrescher. Diese Maschine mäht die Halme ab, drischt im Innern die Körner heraus und wirft die Strohhalme hinter sich aufs Feld.

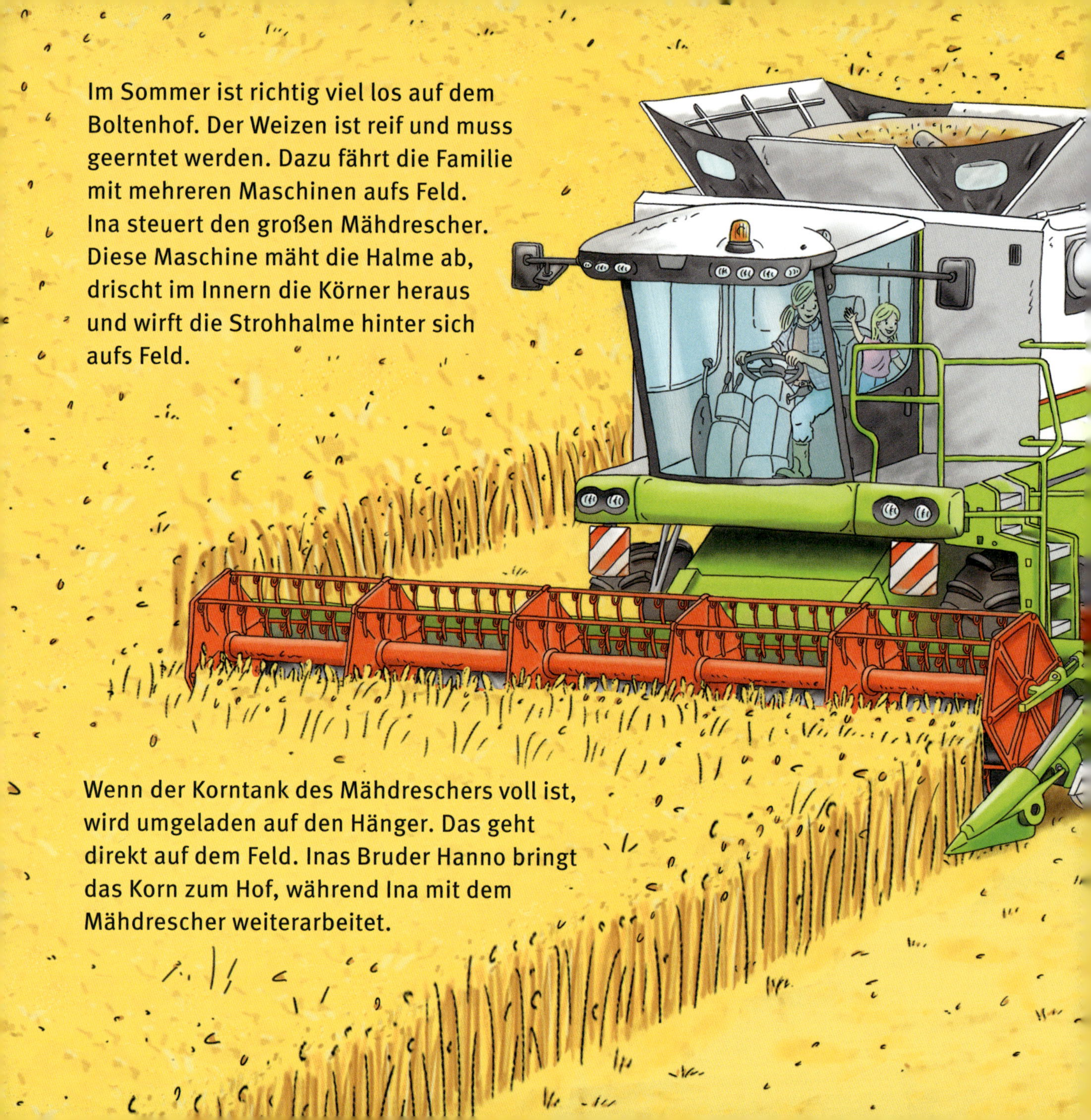

Wenn der Korntank des Mähdreschers voll ist, wird umgeladen auf den Hänger. Das geht direkt auf dem Feld. Inas Bruder Hanno bringt das Korn zum Hof, während Ina mit dem Mähdrescher weiterarbeitet.

„Und was passiert mit den Strohhalmen? Lasst ihr die liegen?“, fragt Henrik. „Nein, nicht alle. Die können wir super als Einstreu in den Ställen gebrauchen“, erklärt Ina. „Etwa aus der Hälfte werden Strohballen gemacht, die andere Hälfte bleibt zerhäckselt auf dem Feld.“
Sie fährt mit der Quaderballenpresse auf das Feld.

In der Quaderballenpresse wird das Stroh zu Quadern gepresst.
„Sieht aus wie riesige Bauklötze!“, sagt Elena.

Die Strohquader verstaut Herr Bolten mit dem Teleskoplader auf dem Hof. Der Lader kann die Quader sieben Meter hoch stapeln. „Das ist ja so hoch wie unser Haus!“, sagt Elena. „Starke Maschine.“

„Der ist so stark, der könnte sogar euer Auto hochheben“, erklärt Herr Bolten.
„Das wäre ja superpraktisch!“, sagt Henrik. „Wenn wir in der Stadt mal wieder keinen Parkplatz finden, könnte der Teleskoplader doch einfach ein paar Autos übereinanderstapeln!“
„Aber die Autos wären dann wohl Schrott“, überlegt Herr Bolten.
Elena lacht. „Strohquader sind praktischer als Autos, wenn man was stapeln will.“

Wenn der Silomais reif ist, kann Ina Bolten mit ihrer Lieblingsmaschine aufs Feld: dem Maishäcksler.
Der hat vorne keine Räder, sondern Raupen.
„Damit läuft er schön ruhig übers Feld und rutscht nicht weg", erklärt Ina.
„Außerdem verdichtet er den Boden dadurch nicht so stark. Der Schnittvorsatz vorne am Maishäcksler, den man auch ‚Maisgebiss' nennt, schneidet die ganze Pflanze ab. Im Innern des Häckslers wird die Pflanze klein gehäckselt und die Maiskörner werden zerrieben."
Über einen hohen Turm schmeißt der Häcksler während der Fahrt das Häckselgut auf den Hänger, den Inas Vater, Herr Bolten, hinter ihr herzieht.
Den gehäckselten Mais lagern die Boltens auch in einem Silo.

Im Spätsommer steht die Kartoffelernte an.
Dafür hat sich Herr Bolten eine große Maschine ausgeliehen:
einen Rüben- und Kartoffelroder.
„Die Kartoffeln wachsen unter der Erde“, erklärt Ina. „Dieser Kartoffelvollernter gräbt sie für uns aus!“
Der Kartoffelvollernter zieht die Kartoffelknollen mit dem Kraut und der Erde auf ein Band. Ein Großteil der Erde wird direkt wieder auf den Boden gerüttelt.
Im Kartoffelvollernter laufen die Kartoffeln über mehrere Siebe und Bänder, um Steine und die Reste der Pflanzenteile abzuschütteln.

Als Henrik, Elena und Ina zurück auf den Hof kommen, stinkt es ziemlich. „Was ist denn jetzt passiert? Musste dein Kartoffelvollernter etwa pupsen?“ Ina lacht. Das war nicht der Kartoffelvollernter. Das war …

... ihr Bruder mit dem Güllewagen.
Gülle aus dem Kot und Urin von Schweinen und Rindern benutzen die Boltens als Dünger, damit die Pflanzen gut wachsen. Der Schleppschuhverteiler am Ende sorgt dafür, dass die Gülle möglichst nah auf dem Boden landet und sich nicht in der Luft verteilt.
„Stinkt ein bisschen wie eine riesige Pipi-Kaka-Suppe“, sagt Henrik.
Ina grinst. „Genau das ist es auch.“

5

Lkw-Giganten und Riesenlaster

Es klingelt. Henrik und Elena rennen zur Haustür.
„Das ist bestimmt die Post“, ruft Mama aus der Küche. Aber vor dem Haus steht kein Postauto. Da hat ein echter Sattelschlepper geparkt! Und die Fahrerin kennen die Geschwister gut. Das ist ihre Tante Pia. Sie ist von Beruf Fernfahrerin.
Pia kommt gerade aus Schweden und hat ein kleines Haus geladen.
„Hallo Pia!“, rufen Henrik und Elena begeistert.
„Ich muss meine Fracht beim Zeltplatz hier in der Stadt abladen“, sagt Tante Pia. „Wollt ihr mit?“
„Au ja!“, rufen Henrik und Elena wie aus einem Mund.

In Pias Führerhaus sitzt man viel höher als in einem normalen Auto. Von hier oben hat Pia einen guten Überblick über den Straßenverkehr. Den braucht sie auch, denn für einen Lastwagen sind die normalen Straßen in der Stadt ganz schön schmal.
„Wohnst du hier im Lastwagen?“, fragt Elena.
Pia lacht. „Ja, manchmal kommt es mir fast so vor“, erklärt sie. „Wenn ich sehr weit fahre, muss ich ja auch mal schlafen. Das mach ich dann in meinem Bett hier.“
Hinter einem Vorhang gibt es ein Stockbett wie in einem Wohnwagen. Außerdem hat das Führerhaus einen kleinen Kühlschrank und sogar eine Kaffeemaschine eingebaut.

An einer Ampel halten sie neben einem anderen Lastwagen.
„Guck mal, der sieht genauso aus wie unserer!“, sagt Elena.
Pia schüttelt den Kopf. „Das ist ein Gespann. Der hat vorn
einen Lastwagen mit drei Achsen und einen Anhänger.“
„Aber du hast doch das Haus auch auf dem Anhänger,
oder nicht?“, fragt Henrik.
„Das ist ein Auflieger. Und wir sitzen in der
sogenannten Zugmaschine. Denn das
hier ist ein Sattelzug.“

J-ON 2011
NI-KE 08

LKW-FAHRER
€ 3,30
DOLLES DING: DOLLY

„Könnte man nicht auch so einen großen Auflieger an einen Lastwagen anhängen?“, fragt Henrik. Seine Tante zeigt ihm ein Foto. „Das geht. Das gibt es in Schweden. Da wird ein sogenannter Dolly an den Lastwagen angehängt. Das ist ein kleiner Anhänger mit einer Sattelkupplung, auf die der Auflieger kommt.“

Elena staunt. „Das ist ja ein Riesenlaster!“

„In Schweden und Finnland fahren diese Lastwagen“, sagt Pia. „Die können bis zu 60 Tonnen schwer sein. So viel wiegen zehn große, ausgewachsene Elefanten! Aber für so lange und schwere Lastwagen braucht man auch jede Menge Platz und besonders stabile Brücken und Straßen.“

Auf dem Zeltplatz wird Pia schon erwartet. Mustafa, dem der Zeltplatz gehört, freut sich riesig über das Haus. „Das sieht ja noch schöner aus als im Katalog!“ Mustafa hat einen mobilen Kran organisiert, mit dem das Haus vom Auflieger gehoben wird. Die Handwerker, die das Haus richtig aufstellen und die Anschlüsse legen, stehen schon bereit.

Pia muss mit dem Sattelschlepper rückwärts um die große Feuerstelle und das Grillhaus herumfahren. Das ist ein ganz schönes Gekurbel. „Mit unserem Kettcar geht das einfacher“, flüstert Elena Henrik zu.

Pia muss den Auflieger für die nächste Fahrt an einen Kollegen übergeben. Die Firma, für die Pia fährt, hat eine Werkstatt. Der Mechaniker Fred soll mal nach dem Motor schauen. Henrik und Elena müssen dafür aussteigen. Denn Pia klappt das ganze Führerhaus nach vorn, um Fred den Motor zu zeigen.
„Der Motor ist viel größer als bei unserem Auto“, staunt Henrik.
„Der hat ja auch die Kraft von 450 Pferden!“, sagt Fred.
„450 Pferde?“, fragt Elena. „Das ist ja ’ne riesige Herde!“
„Ich fahre gleich zur Lkw-Ausstellung auf dem Messegelände“, sagt Fred.
„Da stehen ein paar Riesenlaster mit noch größeren Motoren. Wollt ihr mit?“
Das wollen Pia, Henrik und Elena natürlich unbedingt.

Bei der Lkw-Ausstellung stehen jede Menge Fahrzeuge herum, die man sonst nicht oft sieht.
Henrik und Elena gefällt vor allem der riesige Tieflader, der eine Windkraftanlage geladen hat.
„So große Fahrzeuge dürfen nur mit Sondergenehmigung fahren“, erklärt Pia. „Außerdem können die nur spezielle Strecken benutzen, weil sie nicht unter allen Brücken durchpassen.“
„Ich hab noch nie gesehen, dass so ein Riesenlaster über die Autobahn fährt, aber überall sieht man die Windräder“, wundert sich Elena.
„Die fahren meistens nachts“, sagt Pia.
„Dann stören sie den übrigen Verkehr nicht so sehr, weil weniger los ist.“

SPEZIALTRANSPORTE
WI°ND 80
HORN

Henrik entdeckt einen Lastwagen mit einer Oberleitung auf dem Dach. „Was ist das denn? Eine Lokomotive oder ein Lastwagen?“, fragt er.

„Das ist ein Elektro-Lastwagen“, sagt Pia. „Der hat statt einer großen Batterie eine Stromleitung über der Straße, aus der er den Strom bezieht. Genau wie bei der Eisenbahn. So ein Elektrolaster bläst keine giftigen Abgase in die Luft. Für die Umwelt bringt das natürlich nur dann was, wenn der Strom umweltschonend erzeugt wird.“
„Warum transportiert man nicht gleich alles mit der Eisenbahn?“, fragt Henrik.
„Das hätte viele Vorteile“, sagt Pia. „Aber erstens kommst du mit der Bahn nicht überall hin, weil ja nicht überall Schienen liegen, und zweitens sind die Lastwagen oft einfach billiger als die Bahn.“

„Den wollte ich unbedingt mal sehen!“ Pia bleibt vor einem merkwürdigen Gebilde stehen.
„Was ist das denn?“, fragt Elena.
„Das ist ein Spezialfahrzeug für extraschwere Lasten. Diese Plattformen kann man so zusammenbauen, wie man sie braucht. Damit werden Raketenteile oder große Tanks bewegt.“
„Das Ding hat ja nicht mal ein Lenkrad!“, sagt Henrik.
„Stimmt“, sagt Pia. „Der Fahrer kann dieses Fahrzeug mit einer Fernbedienung steuern.“
„Wie unser Rennauto?“, fragt Elena.

„Ja, im Prinzip wie euer ferngesteuertes Auto“, sagt Pia. „Man kann aber auch ein Führerhaus vorne anhängen, wenn es über längere Strecken geht.“

Fred winkt sie rüber zu einem der größten Lastwagen der Welt. Das ist ein Muldenkipper, der so hoch ist wie das Haus von Elena und Henrik. Um ins Führerhaus zu kommen, muss der Fahrer über eine Treppe, die außen am Fahrzeug montiert ist, etwa sieben Meter in die Höhe steigen!
„Wofür braucht man denn so große Lastwagen?“, fragt Henrik.
„Die werden nur im Bergbau eingesetzt“, erklärt Fred. „Auf einer normalen Straße kannst du mit denen nicht fahren. Die Straße wäre ja viel zu schmal.“
„Und wie viele Pferdestärken hat der Motor?“, fragt Elena. „Etwa tausend?“
Fred schüttelt den Kopf und grinst.
„Dreitausendsechshundert!“

ROAD
TRAIN

Auf dem Heimweg zeigt Pia Henrik und Elena ein Foto. „Das ist der größte Lastwagen, mit dem ich mitgefahren bin. Die Australier benutzen solche Road Trains mit mehreren Anhängern oder Aufliegern in Gegenden, die keinen Eisenbahnanschluss haben."
„Und wie lang ist so ein Road Train?", fragte Henrik. Pia grinst.
„Der von Jamie war 50 Meter lang! Hammerteil."
Als sie zu Hause ankommen, hat Pia eine Überraschung für Henrik und Elena.
„Ich fahre erst morgen weiter und übernachte im Gästezimmer. Wenn ihr wollt, könnt ihr ja heute bei mir schlafen."
„Bei dir?" Henrik versteht erst nicht, was seine Tante meint.
Aber Elena hat es sofort kapiert und jubelt.

„Juhu, wir übernachten in der Schlafkabine!“
Das ist echt gemütlich, finden Henrik und Elena.

MA-US 1

6

Große Fahrzeuge in der Stadt

Elena und Henrik haben heute etwas Besonderes vor: Arlo, ein alter Schulfreund ihrer Mutter, nimmt sie in seinem Lkw-Bergewagen mit. Denn er muss ein ganz bestimmtes Fahrzeug in seine Werkstatt schleppen. Aber Arlo verrät nicht, was für ein Auto das ist. „Ich gebe euch nur einen Tipp: Es hat ein gelbes Blinklicht auf dem Dach", sagt Arlo. „Das ist leicht", sagt Henrik sofort. „Es ist bestimmt der Pannendienst, der Huberts Auto wieder flottkriegen soll!"

Tatsächlich steht bei Nachbar Hubert ein Fahrzeug vom Pannendienst.
Der Pannendienst versucht vor Ort, Huberts Auto zu reparieren.
Dafür hat er Werkzeug und einige Ersatzteile im Auto.
Aber Arlo schüttelt den Kopf. „Der Pannendienst hat keine Panne.
Den schleppen wir nicht ab.“

„Da ist Martin Horn mit seinem Abschleppwagen!“, sagt Elena.
Martin ist auch ein Freund der Familie von Elena und Henrik.
„Müssen wir vielleicht Martins Abschleppwagen abschleppen?“
„Stimmt schon, Martins Abschleppwagen hat auch gelbe Warnleuchten. Aber der ist nicht unser Kunde“, sagt Arlo.

„Wozu sind eigentlich die gelben Blinklichter auf dem Dach gut?“, fragt Henrik. „Diese gelben Warnleuchten zeigen an, dass irgendwo eine Gefahr ist“, erklärt Arlo. „Die Fußgänger und Autofahrer müssen also besonders gut aufpassen.“ Martin Horn hat gerade einen falsch geparkten Pkw mit einer Seilwinde vorsichtig auf die Ladefläche seines Abschleppwagens gezogen. Jetzt ist die blockierte Einfahrt wieder frei.

„Müssen wir den Müllwagen abschleppen?“, fragt Henrik. Denn auch das Müllfahrzeug hat ein gelbes Warnlicht. „Nein, wir müssen nur geduldig abwarten“, sagt Arlo. Die Müllwerker schieben die Müllbehälter an die Kammleiste hinten am Fahrzeug. Der Lifter hebt den Müllbehälter, der an der Kammleiste eingehängt ist, automatisch hoch und kippt den Müll in die Schüttung. Im Inneren des Müllwagens wird der Müll zusammengepresst. So passt mehr rein. Die Müllwerker können kurze Strecken auf den Trittbrettern mitfahren.

„Die kleineren Mülltonnen können inzwischen von den Müllwagen mit Greifern selbst angehoben und geleert werden“, erklärt Arlo.

An der nächsten Ecke scheppert es.
„War das ein Unfall?“, fragt Elena.
Aber dann entdecken Henrik, Elena und Arlo, wer da so einen Krach gemacht hat: Eine Müllwerkerin hat einen Altglascontainer entleert.
Die Müllwerkerin hebt den nächsten Container mit dem Kran über den Sammel-Lkw. Im Sammelbehälter auf ihrem Lkw sind drei Abteilungen: eine für weißes Glas, eine für braunes Glas und eine für grünes Glas. So bleibt das Altglas nach Farben sortiert, wenn sie es abtransportiert.

„Dieser Altglastransporter sieht aber noch ziemlich fit aus“, sagt Henrik. „Den schleppen wir bestimmt nicht ab, oder?“
„Stimmt genau“, sagt Arlo. „Das Fahrzeug, das wir suchen, sieht ganz anders aus.“

„Da ist eine Kehrmaschine auf dem Marktplatz!“, sagt Henrik.
Arlo hält extra an, damit sie sich die Maschine genauer ansehen können. Vorne hat die Kehrmaschine Bürsten, die den Dreck in die Mitte der Kehrmaschine fegen. Die Wasserschläuche davor berieseln die Straße mit Wasser, damit es nicht so staubt. Hinter den Bürsten ist ein großer Sauger. Mit ihm wird der Dreck von der Straße eingesaugt.
„Eigentlich ist so eine Kehrmaschine also ein riesiger Staubsauger“, erklärt Arlo.
„Für unser Wohnzimmer wäre die Maschine aber etwas zu groß“, sagt Henrik.
„Aber es würde bestimmt riesig Spaß machen, wenn wir mit dem Staubsauger durch unsere Wohnung fahren könnten“, sagt Elena und lacht.

Bio

Arlo muss noch einen Umweg zum Hafen fahren.
„Das sind richtig große Fahrzeuge im Hafen!“, sagt Arlo.
„Die heißen Van-Carrier oder Portalhubwagen und können ganze Container transportieren und stapeln!“
Die Portalhubwagen sind so hoch wie ein Haus!
Drei Container können sie übereinanderstapeln.
Der Fahrer sitzt oben in seinem Führerhaus, damit er den Überblick behält. Mit diesen Portalhubwagen werden die Container im Hafen vom Schiff zum Lagerplatz und später vom Lagerplatz auf den Lkw gebracht.
Eines dieser Fahrzeuge ist kaputt. Aber in Arlos Werkstatt gab es das passende Ersatzteil. Zum Glück kann Arlo das Ersatzteil schnell tauschen, sodass der Portalhubwagen wieder einsatzbereit ist.

Wenig später kommen sie an einer Baustelle mit einem Bagger und einem großen Kran vorbei. Kurz danach fährt Arlo aus der Stadt hinaus. Auf der Schnellstraße zum Flughafen müssen sie die Spur wechseln. Ein Fahrzeug der Straßenmeisterei zeigt das mit einem Richtungspfeil auf der Warntafel an.
Auch dieses Fahrzeug hat gelbe Rundumlichter eingeschaltet.

„Dürfen die einfach die Straße sperren, wie sie wollen?“, fragt Henrik. Arlo grinst. „Nein, die Straßenwärterinnen und Straßenwärter sperren die Straßen nur, wenn es wirklich sein muss.“

„Und warum muss das hier sein?“, fragt Elena. „Liegt da etwa ein Auto, das wir abschleppen müssen?“

Arlo fährt vorsichtig weiter. „Schauen wir doch mal nach!“

Auf dem gesperrten Fahrstreifen ist kein Pannenfahrzeug liegen geblieben. Dort ist eine Hubarbeitsbühne im Einsatz. Oben im Korb kann der Straßenwärter sicher stehen. So kommt er gut an den Ast, den er absägen muss, damit der Ast nicht auf die Fahrbahn oder sogar auf ein Auto stürzen kann.

„So eine Hubarbeitsbühne hatte ich auch schon mal in der Werkstatt“, erzählt Arlo. Er grinst. „Das hat echt Spaß gemacht, damit rauf- und runterzufahren, als wir ausprobiert haben, ob der Mechanismus wieder in Ordnung ist.“

„So ein Auto ist echt praktisch, wenn man besonders große Tannenbäume schmücken will“, sagt Henrik.

Arlo lacht. „Mit Tannenbäumen bist du schon nah an dem Auto, das wir abholen sollen. Und außerdem sind wir nah an unserem Ziel.“

Arlo fährt an den Flughafen. Sie müssen durch eine Kontrolle, bekommen einen Besucherausweis und dann kommen sie auf das Gelände des Flughafens. „Musst du etwa so ein schwarz-gelb-gewürfeltes Auto abschleppen?", fragt Henrik. „Aber was hat das mit Weihnachtsbäumen zu tun?" Henrik zeigt auf ein gelb-schwarz-kariertes Auto. Auf dem Dach hat das nicht nur gelbe Blinklichter, sondern auch ein Schriftband, auf dem steht „Follow me!". Das ist englisch und heißt auf Deutsch: „Folge mir". Diese Fahrzeuge sind an Flughäfen im Einsatz, damit die Piloten mit ihren Flugzeugen einfach hinter ihnen herrollen können, ohne sich auf dem Weg zum Parkplatz zu verfahren.

„Die Follow-me-Fahrzeuge sehen zwar echt klasse aus“, sagt Arlo. „Aber nein, so eins schleppen wir nicht ab. Unser Kundenfahrzeug ist größer. Viel größer. Und es steht in der Garage.“

Bevor sie zur Garage kommen, sehen sie noch ein ganz flaches Auto. „Das ist ein Flugzeugschlepper“, erklärt Arlo. „Flugzeuge haben nämlich keinen Rückwärtsgang. Darum werden sie von den Flugzeugschleppern rückwärts aus der Parkposition geschoben oder zum Rollfeld geschleppt.“
Der Flugzeugschlepper hat eine Art Schaufel, in die das Bugrad, das vorne am Flugzeug sitzt, aufgenommen wird. Das flache, aber sehr kräftige Fahrzeug kann dann das viel größere Flugzeug in die richtige Position schieben oder schleppen.
„Jetzt will ich endlich auch mal was abschleppen“, sagt Elena.
Und auch Henrik meint: „Unbedingt! Mit oder ohne Flugzeug!“

Endlich kommen sie in die Garage und dort steht:
ein Schneeräumfahrzeug!
„Das braucht man ja nur im Winter“, sagt Arlo.
„Und im Winter braucht man auch die
Weihnachtsbäume!“, sagt Henrik und lacht.
Das Schneeräumfahrzeug hat einen Motorschaden,
den Arlo in seiner Werkstatt reparieren soll.

Er fährt die Abschleppvorrichtung unter die Hinterräder des Schneeräumfahrzeugs. Mit der Seilwinde des Lkw-Bergungsfahrzeugs zieht er das Schneeräumfahrzeug genau in die richtige Position. Dann hebt er die Hinterräder des Schneeräumfahrzeugs mit der Abschleppvorrichtung ein Stück an.
Jetzt können die drei wieder einsteigen und endlich ...

… das Schneeräumfahrzeug abschleppen.
Natürlich mit blinkendem gelbem Warnlicht!

Alle Bücher im Internet: lesemaus.de
Newsletter mit tollen Lesetipps kostenlos per E-Mail: carlsen.de

Sonderausgabe im Sammelband

ISBN: 978-3-551-68117-1
Umschlagkonzeption der Reihe: Gunta Lauck
Illustration der Lesemaus:
Hildegard Müller, Dorothea Tust, Karin Kröll, Steffen Meier
Umschlagillustration: Niklas Böwer
Illustrationen Vor- und Nachsatzpapier: Niklas Böwer
Lesemaus-Redaktion: Anja Kunle
Lektorat: Constanze Steindamm
Lithografie: ReproTechnik Fromme, Hamburg

VORLESEN LEICHT GEMACHT

Liebe Eltern,
Vorlesen macht allen Spaß: Ihrem Kind beim Zuhören und Ihnen beim Vorlesen.

Einfach anfangen!
Vorlesen braucht keinen großen Zeitaufwand und kann gut in den Familienalltag eingebaut werden. Schon 5 Minuten täglich reichen, um Ihr Kind in seiner Entwicklung zu unterstützen.

Vorlesen geht auch zwischendurch
Egal ob Sie gerade an der Bushaltestelle stehen oder die Zeit überbrücken, bis das Essen fertig ist: Ein paar Minuten gemeinsam in eine Geschichte abtauchen geht immer.

Sprechen Sie über die Geschichte
Wenn Ihr Kind Sie beim Vorlesen unterbricht, ist das nicht schlimm. Es ist wichtig, über das Gehörte zu sprechen. Sie können auch gezielt Fragen stellen: Hast du auch schon mal so was erlebt? Hat dir die Geschichte gefallen?

Die Wahl der richtigen Geschichte
Die passenden Geschichten für Ihr Kind sind die, die es interessieren. Lassen Sie Ihr Kind gerne selbst aussuchen, was Sie vorlesen sollen.

Viel Spaß beim gemeinsamen Lesen wünschen die Lesemaus und die Stiftung Lesen

Stiftung Lesen